Hausgemacht

Eingelegt

av BUCH

Hausgemacht

Eingelegt

Colette Prommer/Stefan Grossauer

FEINE KÖSTLICHKEITEN

süß, sauer und pikant

av BUCH

Einlegen ist das Glück, Lieblingsfrüchte und -kräuter jederzeit genießen zu können. Genuss pur – rund um die Jahresuhr!

Inhalt

Vorwort

Der Buchtitel lässt es schon erahnen: In diesem Buch wird sich alles ums Einlegen und Konservieren von Lebensmitteln drehen. Und wenn Sie es gelesen und die Rezepte probiert haben, hoffen wir, dass Sie mit einem Lächeln in der Küche stehen und mit Zufriedenheit auf Ihre Einmachgläser schauen.

Einmachen, einlegen, konservieren – all das klingt prima vista furchtbar altmodisch. Aber gerade das Gegenteil ist der Fall, es ist ein Gebot der Zeit nachhaltig zu denken. Durch das Einlegen können Sie den Geschmack des Sommers auch außerhalb der Saison genießen. Warum sollten Sie ständig Überseeknoblauch verwenden, wenn Sie den Geschmack der Knolle wunderbar in Öl konservieren können? Erstens leisten Sie einen (kleinen) Beitrag zum

Konservieren mit Essig

Die konservierende Wirkung des Essigs ist ebenfalls schon lange bekannt. In vielen alten Kochbüchern finden sich deshalb etliche sauer eingelegte Spezialitäten. Die Bandbreite der geeigneten Gemüse und Früchte ist so breit wie der Gemüsegarten selbst. Praktisch alles, was in der Natur wächst, lässt sich in Essig haltbarmachen. Schon unsere Großeltern schätzten den Geschmack von Gurken über Zwiebeln bis hin zu grünen Tomaten oder wildem Knoblauch.

Neben Wasser gehört ein neutraler pH-Wert zu den wichtigsten Lebensgrundlagen von Mikroorganismen. Durch die Zugabe von Essigsäure wird der pH-Wert der Lebensmitttel vom neutralen Bereich von 6–7 auf unter 5 reduziert. Der Essig verhindert somit die Bakterienbildung und die Nahrungsmittel sind länger haltbar. Den pH-Wert können Sie auch zu Hause mittels Teststreifen (erhältlich in Apotheken oder bei Swimmingpool-Ausstattern) ganz leicht selbst überprüfen.

Die Qualität des Essigs ist dabei aber sehr wesentlich, weil er Geschmack und Aroma abgibt. Deshalb in aller Kürze das Wichtigste zu seiner Herstellung. Essig wird in einem doppelten Gärvorgang gewonnen. Im ersten Schritt wird Frucht- oder Gemüsesaft vergoren. Der dabei entstehende Alkohol wird von Essigsäurebakterien zu Essigsäure umgewandelt (Stichwort: Essigmutter). Daher lässt sich bei entsprechendem Know-how aus zahlreichen Obst- und Gemüsesorten die säuerlich schmeckende Essenz gewinnen. Dabei gilt wie beim Wein: Je besser das Ausgangsprodukt und sauberer der Gärprozess, desto besser wird das Endprodukt. Neben eher neutralen Essigen wie Apfel- oder Weinessig sollten Sie unbedingt „exotische“ wie Erdbeer-, Gurken-, Tomaten- oder Quittenessig probieren. Es rechnet sich auf jeden Fall: Denn Gurken eingelegt in Gurkenessig = Aroma zum Quadrat.

Der zum Einlegen benutzte Essig sollte einen Säuregehalt von mindestens 6 % aufweisen, um ausreichend konservierend zu wirken. Außerdem sollten Sie kein Geschirr aus korrosionsanfälligen Metallen wie Aluminium, Kupfer oder Messing verwenden, da durch die Essigsäure das Geschirr angegriffen werden kann und so eventuell Metallrückstände in ihr Einlegegut gelangen könnten.

Konservieren mit Alkohol

Eine oft angewandte Methode – u. a. um den traditionellen Rumtopf oder köstliche Liköre herzustellen – ist das Einlegen von Früchten oder Kräutern in Alkohol (etwa Rum, Weinbrand, Korn oder Cognac). Bereits in geringer Konzentration kann er das Wachstum von Schimmelpilzen, Bakterien oder Hefen hemmen, in erhöhten Konzentrationen kann er Mikroorganismen sogar abtöten.

Um ein optimales Konservierungsergebnis zu erzielen, muss mindestens eine Konzentration von 14–20 % vorliegen. Darunter würden die im Alkohol eingelegten Lebensmittel anfangen zu gären, darüber würden z. B. die Früchte verhärten, da ihnen zu viel Wasser entzogen würde. Legt man Früchte in Alkohol ein, kann das Durchziehen je nach Fruchtart und Fruchtgröße einige Monaten dauern.

Konservieren mit Salz

Die konservierende Wirkung des Einsalzens beruht auf der Verringerung des sogenannten AW-Wertes. Der AW-Wert gibt den Anteil an frei verfügbarem Wasser in einem Lebensmittel wieder. Je geringer der Anteil, desto eher sitzen auch jene Mikroorganismen auf dem Trockenen, die sonst am Verderb des Lebensmittels unmittelbar beteiligt wären.

Verschiedenste Kräuter und Würzstoffe können auf diese Art haltbar gemacht und so lange über die eigentliche Saison hinaus genossen werden. Auch Zitrusfrüchten kann man durch die Verbindung mit Salz neue Aspekte entlocken. Und das Pökeln von Fleisch und Fisch gehört zu den am längsten praktizierten Konservierungsmethoden überhaupt.

Für die konservatorische Wirkung ist es völlig unerheblich, welches Salz man verwendet. Aus geschmacklicher Sicht lassen sich mit verschiedenen Salzen und Körnungen allerdings erstaunliche Ergebnisse erzielen. Die beiden wichtigsten Arten sind Steinsalze, die mit dem sogenannten Soleverfahren gewonnen werden, und Meersalze, die durch die Verdunstung von Meerwasser entstehen. Erstere gibt es aus den verschiedensten Gebieten der Welt. Ob das eine oder das andere besser ist, sei einmal dahinge-

wird. Für einen runden Geschmack ist auch beigemengter Käse eine wichtige Zutat. Am besten eignet sich ein gut gereifter Parmesan.

Pesto ist – wie bereits angedeutet – ein sehr universell einsetzbarer Speisenbegleiter. Neben der klassischen Verwendung bei Pastagerichten, bietet sich noch eine Vielzahl von Anwendungsmöglichkeiten. Frischkäse mit Pistazienpesto ist ein Gedicht, Schweinebraten mit Steinpilzpesto lässt einem das Wasser im Mund zusammenlaufen und Kartoffeln mit Speckpesto haben schon manchen von der nächtlichen Heißhungerattacke erlöst.

Seien Sie kreativ und vertrauen Sie Ihrem Geschmack. Die Anzahl der Möglichkeiten ist (fast) unbegrenzt. Einige davon werden wir Ihnen noch näher vorstellen.

Seit jeher ist der Mensch in Bezug auf die Frage, den Genuss von saisonalen Produkten möglichst lange hinauszuzögern, äußerst kreativ. Was in früheren Zeiten noch überlebenswichtig war, ist heute eine weitere Ausdrucksform der Küchenkunst. In der langen Tradition des Konservierens haben sich die verschiedensten Methoden der Haltbarmachung entwickelt.

Konservieren mit Öl

Eine sehr alte Form des Haltbarmachens ist das Konservieren in Öl. Schon im Altertum wurden Lebensmittel auf diese Art transportfähig gemacht und so reger Handel zwischen den einzelnen Ländern und Regionen ermöglicht.

Diese Art der Konservierung beruht auf einem einfachen Prinzip: Die meisten Arten von Mikroorganismen benötigen Luft zum Überleben. Das Öl deckt die Speise luftdicht ab und verhindert damit deren Verderb. Das geschützte Nahrungsmittel revanchiert sich seinerseits und versetzt das Öl mit herrlichen Aromen und Geschmacksnuancen. Wie alle guten Dinge benötigt dieser Prozess jedoch seine Zeit, daher sollten Sie Ölkonserven immer gut durchziehen lassen.

Im Prinzip eignet sich jedes Öl zur Herstellung von Lebensmittelkonserven. Die Entscheidung liegt ganz bei Ihnen: Wollen Sie den Geschmack des Einlegeguts möglichst unbeeinflusst ins Glas bringen? Dann empfiehlt es sich neutrale Öle wie Sonnenblumen- oder Rapsöl zu verwenden. Oder wollen Sie die spannende Auseinandersetzung zwischen Öl und Lebensmittel erleben? Dann sind Ihrer Fantasie beinahe keine Grenzen gesetzt. Neben besten Olivenölen steht Ihnen hier eine Vielzahl von verschiedensten Geschmäckern zur Verfügung. Österreichisches Walnuss- oder Kürbiskernöl gelten als besondere Delikatessen, aber auch Exoten wie Hanf-, Mohn- und Pistazienöl eignen sich zur Verfeinerung. Da diese Öle sehr geschmacksintensiv sind, empfiehlt es sich allerdings diese mit neutralen Ölen zu mischen.

Eine spezielle Variation der Konservierung mit Öl stellt das Herstellen von Pesto dar. Da dieser speziellen Spielart der Konservierung in diesem Buch besonderes Augenmerk gewidmet wird, sei ein kleiner Exkurs gestattet. Pesto ist in diesem Zusammenhang kein geschützter Begriff. Den vielen Pestovarianten ist aber eines gemeinsam: Die Basis zur Herstellung dieses vielseitig verwendbaren Allrounders bildet Öl, das mit intensiven Geschmacksträgern versetzt wird. Dies können Kräuter oder verschiedene Gemüse sein. Zusätzlich gehört zu einem gelungenen Pesto eine gewisse Struktur, die durch verschiedenste Kerne oder Nüsse gebildet

Die Kunst des HALTBARMACHENS

Umweltschutz und zweitens wissen Sie, was Sie essen.
Aber eigentlich müssen wir diese traditionelle und neu entdeckte Art des Konservierens von Nahrungsmitteln überhaupt nicht mit „verkopften" Argumenten stützen. Der wichtigste Grund, der für das Einlegen spricht, ist folgender: Weil es einfach wunderbar schmeckt. Und weil es, wenn man es modern interpretiert, überhaupt nicht altmodisch daherkommt.
Wir haben versucht Ihnen die Basics übersichtlich und einfach darzustellen. Sie erfahren etwas über die verschiedensten Methoden des Einlegens und wir verraten Ihnen jede Menge nützlicher Küchen- und Rezepttipps.
In zahlreichen Rezepten zeigen wir Ihnen wie kreativ und einfallsreich Sie an das Thema herangehen können.

Lassen Sie sich einfach ein bisschen inspirieren und probieren Sie es selbst aus. Sie werden sehen wie viel Freude es macht Eingelegtes mit Ihrer persönlichen Note zu versehen. Sie werden wunderbare Speisenbegleiter entdecken und kleine Geschenke und Mitbringsel für Familie, Freunde und Bekannte produzieren.

Wir wünschen Ihnen viel Freude auf dieser Entdeckungsreise!

im August 2010

stellt. Das wichtigste Kriterium ist der Geschmack. Werden sie unbehandelt genossen, bestechen sie durch die regionaltypischen Beimengungen an Mineralien, speziellen Aromen und Färbungen.

Stein- und Meersalze gibt es auch in Prämiumversionen. Das bei uns heimische einzigartige Bergkernsalz wird im steiermärkischen Bad Aussee abgebaut, hat eine leicht rosa Farbe und gewinnt seine geschmackliche Raffinesse durch die natürliche Anreicherung verschiedenster Mineralien.

Sehr empfehlenswert ist auch das sogenannte Fleur de Sel (Salzblume). Dabei handelt es sich um Meersalz, das vor allem in Salzgärten an den Küsten Frankreichs, Spaniens, Italiens, Portugals und Afrikas durch händisches Abschöpfen des Salzschaums gewonnen wird, der sich unter der ersten Sonnenhitze bildet.

Konservieren mit Zucker

Viele traditionelle Konservierungsverfahren beruhen auf der entwässernden Wirkung von Zucker. Auf dieser Grundlage werden etwa Marmeladen und Gelees hergestellt. Das „weiße Gold“ entzieht den Früchten das Wasser und verhindert so, dass sie ungenießbar werden. Um eine optimale Konservierung zu erreichen, sollte der Wasseranteil weniger als 40 % der Gesamtmasse ausmachen.

Zucker wird aus der heimischen Zuckerrübe oder aus Zuckerrohr gewonnen. Für die konservierende Wirkung ist es ganz egal, welchen Zucker Sie verwenden. Interessante geschmackliche Varianten ergeben sich durch die Verwendung von Vollzucker, da dieser im Gegensatz zu raffiniertem Zucker mit einem starken Eigenaroma am Gaumen punktet. Zusätzlich enthält er einen höheren Anteil an wichtigen Vitaminen und Mineralstoffen.

Trocknen und Dörren

Eine weitere Art des Haltbarmachens von Lebensmitteln gerät leider immer mehr in Vergessenheit. Sie sei hier der Vollständigkeit halber erwähnt. Das Trocknen und Dörren ist eine wundervolle Methode den Geschmack des Sommers in die kalte Jahreszeit zu retten. Durch den Wasserentzug werden die Geschmack-, aber auch die vorhanden Mineral- und Ballaststoffe erhalten. Das Ergebnis sind kleine „Energie- und Aromabomben".

Frische Früchte und reifes Obst enthalten in der Regel rund 90 % Wasser. Bei der Trocknung wird der Wassergehalt auf 13–20 % gesenkt. Dadurch werden Mikroorganismen zwar nicht abgetötet, aber in ihrer Wirksamkeit stark eingeschränkt. Je niedriger der Wassergehalt, desto länger ist das Trockengut haltbar. Weil der Stoffwechsel der getrockneten Pflanzenteile weiterläuft und weil Licht, Wärme und Sauerstoff

auf das Gewebe einwirken, verändert sich das Trockengut geruchlich, geschmacklich und auch farblich.

Der Trocknungsprozess hat starken Einfluss auf die Qualität des Endergebnisses. Um schonend zu trocknen, sollten Sie für Obst, Gemüse und Pilze Temperaturen bis zu maximal 60 °C wählen. Kräuter sind allerdings noch wesentlich empfindlicher. Hier sollten höchstens Temperaturen bis 35 °C wirken. Je geringer die Temperatur und je länger der Trocknungsprozess dauert, desto besser wird das Endprodukt.

Trocknen können Sie in Ihrem Ofen bei geringer Heiß- bzw. Umluft, auf einem Heizkörper oder in einem speziellen Trocknungsautomaten. Für Kräuter eignet sich auch ein trockener, warmer Platz in Ihrer Speisekammer. Wenn Sie in klimatisch begünstigten Gebieten leben, bietet sich auch eine Trocknung durch Sonnenwärme an der frischen Luft an. Wichtig ist bei allen Methoden, dass das Trockengut locker auf einer luftdurchlässigen Oberfläche wie einem Rost oder Netz oder dergleichen aufliegt, sodass Luft darum zirkulieren kann.

Das getrocknete Obst, die getrockneten Früchte, Pilze oder Kräuter können Sie im getrockneten Zustand verwenden oder vor dem Verzehr oder der Weiterverarbeitung in lauwarmes Wasser einlegen. Dabei nimmt das Trockengut wieder bis zu zwei Drittel des zuvor entzogenen Wassers auf.

Zum Schluss noch ein Rezept für **Pilzmehl**, das sich ganz hervorragend als Würze für Soßen, Suppen und diverse Fleischspeisen eignet. 300 g Steinpilze und 300 g Champignons (oder andere Pilze nach Wahl) in feine Blätter schneiden und auf ein mit Backpapier ausgelegtes Blech legen. Im Backofen bei ca. 60 °C etwa 5 Stunden trocknen. Auskühlen lassen und in einer Küchenmaschine zu Mehl zerreiben. In ein Glas füllen und gut verschließen.

Das sollten Sie beachten

Das Konservieren von Lebensmitteln ist ein permanenter Wettstreit mit Mikroorganismen wie Hefen, Milchsäurebakterien, Schimmel und vielen mehr. Diese Kleinstlebewesen haben einen Riesenvorteil: Sie sind überall. Hier einige wertvolle Tipps, wie Sie Mikroorganismen ganz sicher in Schach halten.

• Obst, Früchte und Gemüse vor der Verarbeitung grundsätzlich gut säubern. Küchenwerkzeuge vor der Benützung heiß waschen und mit Alkohol desinfizieren. Hände ebenfalls gut waschen, gegebenenfalls mit Einmalhandschuhen arbeiten.

• Einmachgläser auf jeden Fall vor dem Füllen heiß waschen. Alternativ ist die Desinfektion in der Mikrowelle oder einem Heißluftdämpfer möglich. Sollten Sie gebrauchte Gläser verwenden, unbedingt vor der Verwendung die Geruchsprobe machen. Gerade in gebrauchten Gurkengläsern hängt oft – trotz intensiven Waschens – ein unangenehmer Geruch.

• Deckel und Gummiringe von Weck- oder Rexgläsern können Sie bedenkenlos mehrmals verwenden, nachdem sie gründlich gereinigt wurden. Deckel gebrauchter Twist-off-Gläser sollten Sie unbedingt erneuern, da die Dichtungen meist porös sind.

• Um jenen Mikroorganismen, die sich auf dem Einlegegut befinden, das Leben schwer zu machen, helfen die Konservierungstechniken, die im Buch beschrieben werden. Um aber wirklich jegliches Risiko auszuschalten, ist es sinnvoll, die verschlossenen Gläser zu pasteurisieren.

Dazu stellen Sie die verschlossenen Gläser (auch übereinander ist möglich) in einen ausreichend großen Topf (mindestens 10 l) mit leicht wallendem (nicht kochendem!) Wasser, bis eine Kerntemperatur von etwa 80 °C erreicht ist. In der Regel wird dies rund 15 Minuten dauern. Sollten Sie einen Heißluftdämpfer besitzen, ist es auch möglich die Gläser darin bei 100 % Dampf und rund 100 °C zu sterilisieren.

• Eingelegte Lebensmittel sollten vor dem Verzehr mindestens zwei Wochen reifen können.

• Lagern Sie die gut verschlossenen Gläser oder Flaschen an einem kühlen und dunklen Ort.

• Die Haltbarkeit beträgt mindestens mehrere Monate bis zu einem Jahr. Werfen Sie von Zeit zu Zeit aber einen Blick auf die gelagerten Gläser. Hat sich an der Oberfläche ein weißer oder grauer Schleier oder Bodensatz gebildet oder ist die Flüssigkeit trüb, dann sollten Sie die ehemaligen Delikatessen entsorgen – so schwer es Ihnen auch fällt.

Nützliche Küchenhelfer

Ein **Marmeladetrichter** hilft beim Füllen von Einmachgläsern.

Verschließbare **Fondtrichter** verwendet man bei flüssigem Füllgut.

Ein **Kerntemperaturfühler** ist ein unverzichtbares Werkzeug, wenn Sie Ihre eingelegten Produkte pasteurisieren wollen. Er misst die Temperatur in der Mitte des Einmachglases.

Verschiedene **Messer** sind für diverse Arbeiten einfach notwendig und sollten immer scharf sein und nie in der Spülmaschine gewaschen werden.

Einmachgläser verschiedener Größe sind für das Einlegen unerlässlich. Sie können entweder sogenannte Twist-off-, Rex- oder Weckgläser verwenden.

Mit einem **Zestenreißer** können Sie die äußere Schale von Zitrusfrüchten in feine Streifen schneiden; die weiße, meist bittere Schale bleibt auf den Früchten.

Ein **Steinmörser** dient zum Zerstampfen von Kräutern und Gewürzen.

Nicht nur zur Herstellung von Pesto ist ein **Küchencutter** ein absolutes Must.

Zum Pasteurisieren der verschlossenen Gläser sollten Sie einen **Topf** von mindestens 10 l Fassungsvermögen verwenden, damit die Gläser auch übereinander gestapelt werden können. Erwärmen Sie das Wasser immer mit aufgelegtem Deckel, das ist energie- und zeitsparend.

BÄRLAUCH PESTO
Zutaten: Olivenöl, Parmesan, Walnüsse, Bärlauch (12%) und Salz

In Öl

Pistazienpesto

Zutaten

für 7 Gläser à 200 ml

- 400 g Pistazien
- 250 g Parmesan
- 700 ml Olivenöl
- 70 ml Pistazienöl
- 1 Handvoll Thymianblätter
- Schale von 3 Biozitronen
- 120 g Salz

Zubereitung

Den Parmesan in grobe Stücke schneiden. Mit den restlichen Zutaten vermischen und grob cuttern. Kommen Sie nicht in Versuchung das Pesto zu fein zu cuttern, die grobe Konsistenz bringt geschmackliche Vorteile.

In Gläser füllen, die Oberfläche mit Öl abdecken und gut verschließen.

Rezepttipp: Ziegenfrischkäse mit Pistazienpesto ergibt eine wunderbar sommerliche Vorspeise. Ziegenfrischkäse anrichten, Löwenzahn frittieren und auf dem Frischkäse drapieren. Mit wenig Zitronensaft und Pistazienpesto beträufeln.

Apropos

Bei diesem Pesto sind die Qualität und die geschmackliche Ausprägung des verwendeten Olivenöls besonders wichtig. Zu bevorzugen sind eher nicht zu intensive italienische Olivenöle mit einer leicht grasigen Note und einer geringen Bitterkeit.

Apropos

Besonders eignen sich Fleischtomaten, da diese im Gegensatz zu Salattomaten weniger Wasser enthalten. Eine sehr gute Alternative ist z. B. die Ochsenherztomate; sie ist allerdings recht groß und muss daher in sehr viele kleine Stücke zerteilt werden. Die klassische italienische Tomate für das Trocknen ist die San Marzano. Prinzipiell kann aber jede aromatische Tomate dafür verwendet werden.

Tomatenpesto

Zutaten

für 7 Gläser à 200 ml

- 4 kg frische Tomaten
- 250 g Pinienkerne
- 2 Handvoll Basilikum
- 600 ml Olivenöl
- 500 g grob geschnittener Parmesan
- 2 EL Kapern
- Schale einer Biozitrone
- 50 ml Zitronensaft
- 2–3 grob geschnittene Knoblauchzehen
- 2 EL Salz

Zubereitung

Tomaten waschen und das Grün großzügig entfernen. Tomaten je nach Größe halbieren bzw. dritteln und auf einem Bratrost bei 60 °C trocknen. Alternativ kann ein Trocknungsautomat verwendet werden. Zwei Drittel der Tomaten ganz trocknen, ein Drittel halbtrocken verwenden. Das Trockengewicht sollte insgesamt etwa 450 g betragen.

Die getrockneten Tomaten klein schneiden. Pinienkerne ohne Fett in einer Pfanne anrösten. Basilikum und Tomaten mit dem Öl vermengen und cuttern. Restliche Zutaten beifügen und nochmals kurz grob cuttern.

Kommen Sie nicht in Versuchung das Pesto zu fein zu cuttern, die grobe Konsistenz bringt geschmackliche Vorteile.

In Gläser füllen, die Oberfläche mit Öl abdecken und gut verschließen.

Rezepttipp: Zander mit Tomatenpesto ist eine kleine geschmackliche Sensation. Dazu schwarze Oliven, Kartoffelspalten sowie grob gehackte rote Zwiebeln in einem Weißweinsud und etwas Zitronenthymian schmoren. Zander auf der Haut braten und mit warmem Tomatenpesto beträufeln. Anrichten und genießen.

Englisches Pesto

Zutaten

für 7 Gläser à 200 ml

- 60 g Zitronenbasilikum
- 2 Handvoll Minzeblätter
- 2 Handvoll Zitronenmelisse
- 600 ml Olivenöl
- 100 ml Weinessig
- 250 ml Wasser
- Saft einer Zitrone
- 300 g Pinienkerne
- 2–3 EL Salz
- 90 g Feinkristallzucker

Zubereitung

Kräuter mit dem Öl vermengen und fein cuttern. Pinienkerne ohne Fett in einer Pfanne anrösten und mit den restlichen Zutaten dem Kräuteröl beifügen und kurz grob cuttern. Kommen Sie nicht in Versuchung das Pesto zu fein zu cuttern, die grobe Konsistenz bringt geschmackliche Vorteile.

In Gläser füllen, die Oberfläche mit Öl abdecken und gut verschließen.

Wenn Sie das Pesto pasteurisieren, sollten Sie beachten, dass grüne Pestos beim Erwärmen den schönen satten Grünton der Blätter verlieren. Um diesen Effekt abzuschwächen, hilft es das Pesto nach Erreichen der Kerntemperatur möglichst schnell unter fließendem Wasser abzukühlen. Eine weitere Möglichkeit ist es, das Pesto in Eiswürfelsäckchen zu portionieren und einzufrieren. Entgegen aller Vorurteile tritt beim Tiefkühlen keinerlei Qualitätsverlust auf.

Rezepttipp: Dieses Pesto eignet sich hervorragend als Dessertvariante. Zwei Teile Joghurt und je ein Teil Schlagobers und Magertopfen miteinander vermengen, einen Schuss Zitronensaft hinzugeben und mit Feinkristallzucker in der Eismaschine gefrieren.

Wenn Sie keine Eismaschine zur Verfügung haben, in eine Nirostaschüssel füllen, in das Gefrierfach stellen und alle 15 Minuten kräftig umrühren.

Anrichten und mit dem Pesto beträufeln.

Kürbiskernpesto

Zutaten

für 7 Gläser à 200 ml

- 500 g Kürbiskerne
- 300 g Parmesan
- 1 l Kürbiskernöl
- 2 Handvoll Petersilie
- 1 TL schwarzer Pfeffer aus der Mühle
- 1–2 EL Salz

Zubereitung

Kürbiskerne ohne Fett in einer Pfanne anrösten. Den Parmesan in grobe Stücke schneiden, mit den restlichen Zutaten vermischen und grob cuttern. Kommen Sie nicht in Versuchung das Pesto zu fein zu cuttern, die grobe Konsistenz bringt geschmackliche Vorteile.

In Gläser füllen, die Oberfläche mit Öl abdecken und gut verschließen.

Rezepttipp: Omelette mit Kürbiskernpesto und geröstetem Schwarzbrot ist ein herrlich kräftiges Frühstück.

Apropos

Bei diesem Pesto sind die Qualität und die geschmackliche Ausprägung der verwendeten Kürbiskerne besonders wichtig. Die Kürbiskerne müssen schonend geröstet werden. Hierbei sollte die Temperatur 60 °C nicht überschreiten, da Kürbiskerne sehr hitzeempfindlich sind.

Bärlauchpesto

Zutaten

für 7 Gläser à 200 ml

- 2–3 Handvoll Bärlauchblätter
- 600 ml Olivenöl
- 400 g Parmesan
- 200 g Walnüsse
- 1 EL Salz

Zubereitung

Bärlauch eventuell kurz blanchieren, mit dem Öl vermengen und im Küchencutter fein zerkleinern. Den Parmesan in grobe Stücke schneiden und gemeinsam mit den Walnüssen und dem Salz zugeben. Nochmals kurz grob cuttern. Kommen Sie nicht in Versuchung das Pesto zu fein zu cuttern, die grobe Konsistenz bringt geschmackliche Vorteile mit sich.

In Gläser füllen, die Oberfläche mit Öl abdecken und gut verschließen.

Wenn Sie das Pesto pasteurisieren, sollten Sie beachten, dass grüne Pestos beim Erwärmen den schönen satten Grünton der Blätter verlieren. Um diesen Effekt abzuschwächen, hilft es das Pesto nach Erreichen der Kerntemperatur möglichst schnell unter fließendem Wasser abzukühlen. Eine weitere Möglichkeit ist es, das Pesto in Eiswürfelsäckchen zu portionieren und einzufrieren. Entgegen allen Vorurteilen tritt beim Tiefkühlen keinerlei Qualitätsverlust auf.

Varianten lassen sich beispielsweise mit Petersilie, Löwenzahn, Sauerampfer oder Rucola herstellen.

Rezepttipp: Waldviertler Bauerncarpaccio mit Bärlauchpesto ist eine herrliche Vorspeise. Hierfür mageres Geräuchertes dünn aufschneiden, mit Olivenöl marinieren, Parmesan darüberhobeln und mit Pesto beträufeln. Dazu servieren Sie Bauernbrot.

Steinpilzpesto

Zutaten

für 7 Gläser à 200 ml

- 200 g Steinpilze
- 700 ml Olivenöl
- 80 g Jungzwiebeln
- 240 g Mandeln
- 200 g Parmesan
- 100 ml Zitronensaft
- 2 Handvoll Petersilie
- 1–2 EL Salz
- 1 TL schwarzer Pfeffer aus der Mühle

Zubereitung

Steinpilze putzen und in Streifen schneiden. Die Pilze bei 60 °C im Ofen oder in einem Trocknungsautomaten trocknen. Die getrockneten Pilze in Olivenöl einlegen und über Nacht ziehen lassen.

Jungzwiebeln schneiden und anbraten. Mandeln zerkleinern. Den Parmesan grob schneiden und mit den restlichen Zutaten vermischen und kurz grob cuttern. Kommen Sie nicht in Versuchung das Pesto zu fein zu cuttern, die grobe Konsistenz bringt geschmackliche Vorteile.

In Gläser füllen, die Oberfläche mit Öl abdecken und gut verschließen.

Rezepttipp: Herbstsalat mit Steinpilzpesto. Feldsalat mit Birnen und Speck sowie warmen gekochten Eiern anrichten. Mit Birnenessig sowie Olivenöl marinieren und Steinpilzpesto darüberträufeln – köstlich!

Apropos

Anstelle der Steinpilze eignen sich auch alle anderen Pilze mit einem intensiven Aroma. Zum Beispiel lassen sich auch mit Austernpilzen oder Shiitake gute Ergebnisse erzielen.

Buntes Letscho

Zutaten

für 7 Gläser à 200 ml

- 250 g roter Paprika
- 250 g gelber Paprika
- 250 g Zwiebeln
- 250 g Tomaten
- 12 Lorbeerblätter
- 10–12 Knoblauchzehen
- 250 ml Sonnenblumenöl
- 2 EL Meersalz
- Pfeffer aus der Mühle

Zubereitung

Die Paprika vom Grün befreien, entkernen und in mundgerechte Stücke (Streifen, Ringe oder Würfel) schneiden. Die Zwiebeln schälen und in grobe Stücke schneiden.

Paprika, Zwiebeln, Tomaten, 5 Lorbeerblätter und Knoblauch in reichlich Salzwasser 10 Minuten blanchieren. Abseihen, dabei aber die Kochflüssigkeit auffangen.

Die Letschomasse salzen, pfeffern und in Gläser füllen. Mit Öl begießen und nach Belieben mit dem Kochwasser auffüllen. Zur optischen Verschönerung in jedes Glas ein Lorbeerblatt dazugeben. Gläser gut verschließen.

Rezepttipp: Sie können das Letscho zusätzlich mit Tomatensaft aufgießen. Klassisch ist es, angebratene Speckwürfel beizufügen. Bei einer Verwendung als Hautspeise, können Sie pikante Würste dazureichen. Auch kalt ist Letscho im Sommer ein herrliches Essen, zu einem Frischkäse oder auf einem Salatbett mit frischem Parmesan angerichtet eine leichte erfrischende Speise.

Apropos

Wichtig ist es, reife Früchte bzw. Gemüse zu verwenden, damit das Letscho auch geschmackvoll wird. Sollten Sie einmal keine sonnengereiften Tomaten bekommen, können Sie auch auf Dosenware ausweichen.

Limetten-Ingwer-Melissen-Öl

Zutaten

für 7 Gläser à 200 ml

- 3 Handvoll frische Melissenblätter
- 150 g frischer Ingwer
- 8 Limetten
- 1 ¼ l Olivenöl

Zubereitung

Melissenblätter in ganz feine Streifen schneiden. Ingwer schälen und in dünne Scheiben schneiden. Limetten ebenfalls in dünne Scheiben schneiden.

In jede Flasche einen gut gehäuften Esslöffel Melisse geben, 3 Scheiben Ingwer und 5 Scheiben Limetten beifügen, mit Öl aufgießen und gut verschließen.

Zur vollen Aromaentfaltung bis zur Verwendung etwa 4 Wochen ziehen lassen.

Rezepttipp: Dieses aromatische Öl passt sehr gut zu einem Wildkräutersalat und zu Ziegenfrischkäse, das Öl mildert den etwas herben Käse. Fein schmeckt das zarte Kräuteröl auch zu einem Glas Wein: Einige Stücke sehr gutes Weißbrot reichen und das Öl auf einem flachen Teller zum Tunken anbieten.

Apropos

Mit zusätzlichen grob gezogenen Zitronenschalen bekommt das Öl eine zusätzliche erfrischende Säurenote und optisch einen hübschen Farbtupfer.

Pikanter Spargel

Zutaten

für 7 Gläser à 200 ml

- 800 g dünner grüner Spargel
- 400 ml Olivenöl
- 150 ml Sesamöl
- 4 EL fein gehackter Koriander
- 4 EL klein geschnittener Ingwer
- fein geschnittene Schale von 2 Bioorangen
- 2 EL Meersalz
- Pfeffer aus der Mühle

Zubereitung

Spargel 3–4 cm unterhalb der Spitze schälen. Kurz rundherum in Olivenöl anbraten, pfeffern, auf gleiche Länge schneiden und in die Gläser füllen.

Die beiden Öle mischen und mit den Kräutern sowie den Gewürzen verühren. Über den Spargel geben und die Gläser gut verschließen.

Rezepttipp: Den Spargel zu Ziegenkäse mit Erdbeeren anrichten – köstlich!

Apropos

Sie können auch zarten weißen Spargel mit violetten Spitzen verwenden.

In Essig

Ilsefondosalat

Zutaten

für 7 Gläser à 200 ml

- 250 g gekochte Rote Rüben
- 100 g frische Basilikumblätter
- 50 g frischer Kren
- 250 g milder Schafkäse
- 100 g Kapern
- 650 ml Essig
- 150 ml Kernöl
- Pfeffer aus der Mühle

Zubereitung

Rote Rüben und Schafkäse in kleine Würfel, Basilikumblätter in feine Streifen schneiden. Den Kren schälen und mit einer Reibe auf der feinsten Stufe „reißen“.

Rote Rüben und Schafkäse zu gleichen Teilen auf die Gläser aufteilen, pfeffern und mit Kapern sowie Kren würzen. Essig und Öl vermischen, Gläser damit aufgießen und gut verschließen.

Rezepttipp: In Kombination mit Blattsalaten ergibt dieser erfrischende Salat eine ideale Vorspeise. Die Abschnitte können Sie cuttern. Sie erhalten einen wunderbaren Aufstrich, der mit einem knusprigen Schwarzbrot serviert werden kann oder mit einem Süßbriochebrot als Partykanapee ganz köstlich schmeckt.

Apropos

Ein Blickfang wird es, wenn Sie sich die Mühe machen und die verschiedenen Zutaten schichtweise in die Gläser füllen. Dadurch entsteht der berühmte „Ildefonso-Charakter“ – eine helle Schicht, eine dunkle Schicht; davon leitet sich auch der abgeänderte Name der Speise ab. Sie können sich die Arbeit erleichtern, indem Sie die Rüben und den Käse auf der mittelgroben Seite einer Reibe zerkleinern.

Russische Früchte

Zutaten

für 7 Gläser à 200 ml

- 250 g Mirabellen
- 250 g Zwetschgen
- 250 g Feigen
- 700 ml Apfelessig
- 10 g Senfmehl
- 15 Stück Sternanis

Zubereitung

Die Mirabellen und Zwetschgen halbieren und entsteinen, Feigen ebenfalls halbieren. Den Essig in einem Topf erhitzen, 5 Minuten kochen, das Senfmehl einrühren und die letzten 2 Minuten die Sternanise mitköcheln lassen.

Früchte in die Gläser verteilen und mit genügend Essigwasser aufgießen, sodass alles gut bedeckt ist. Gläser gut verschließen.

Rezepttipp: Diese Früchte passen gut zu verschiedenen Fleischspeisen wie etwa zu einem Lammbraten oder einer Hasen- oder Ziegenterrine. Sie können jedoch damit genauso gut ein Rote-Rüben-Carpaccio verfeinern oder einen Käseteller zu einer spannenden Vorspeise machen.

Apropos

Die Wahl des Essigs bleibt völlig Ihrem Lieblingsgeschmack überlassen. Mit Apfel-Honig-Essig bekommen die Früchte einen sanften geschmacklichen Touch, mit einem Orangenessig eine interessante Zitrusnote.

Liebstöckel-Schalotten-Essig

Zutaten

für 7 Gläser à 200 ml

- 15 kleine Stängel Liebstöckel
- 500 g Schalotten
- Pfefferkörner
- 1 l Tomatenessig

Zubereitung

Die Liebstöckelstängel in eine Größe brechen, sodass sie stehend gut in die Flaschen passen. Schalotten (französische Schalotten habe eine interessante Form) schälen und der Länge nach in vier Teile schneiden.

Etwa 10 Minuten in leicht siedendem Salzwasser überbrühen und dann zu den Kräutern geben. Essig über Liebstöckel und Schalotten gießen, mit Pfeffer würzen und gut verschließen. Vor dem Verzehr etwa 4 Wochen zum Konzentrieren stehen lassen.

Rezepttipp: Dieser Essig eignet sich für alle Salate, auch Fleischsoßen können damit spannend gewürzt werden. Suppen, die nach Säure verlangen, verleiht er eine peppige Note.

Apropos

Liebstöckel wird auch Maggikraut genannt und ist ein klassisches Gewürz zur Verfeinerung von Suppen und Soßen. Falls Sie keinen eigenen Garten, aber Freunde oder Bekannte haben, die dieses aromatische Gewürz anbauen, sind diese über eine Abnahme meist dankbar, da Liebstöckel gerne zu größeren Büschen auswächst und für den Eigenbedarf dann zu viel ist.

Asiatische Gurke

Zutaten

für 7 Gläser à 200 ml

- 700 g Salatgurken
- 3 Handvoll Thaibasilikumblätter
- 5 Knoblauchzehen
- 600 ml Reisessig
- 200 ml süße thailändische Chilisoße

Zubereitung

Die Gurken schälen und der Länge nach halbieren. Kerne mit einem Löffel entfernen, die Gurkenhälften in 5 cm lange Stücke und dann in 1 cm breite Streifen schneiden.

Das Thaibasilikum in feine Stifte, den Knoblauch schälen und in dünne Streifen schneiden. Gurken und Basilikum auf die Gläser verteilen. Reisessig mit dem Knoblauch aufkochen, Chilisoße dazugeben und die Gurken damit bis zum Glasrand begießen.

Gläser gut verschließen und eventuell auf ein feuchtes Tuch stellen, damit sie nicht zerspringen.

Rezepttipp: Diese sehr pikante Gurkenvariation kann entweder als eigenständiger Salat verwendet werden, passt aber auch hervorragend zu gebratenem Hühnerfilet, zu gefüllten frittierten Teigtaschen oder zu Reisgerichten.

Apropos

Wenn Sie die Menge erhöhen und für den Hausgebrauch gleich in etwas größere Gurkengläser füllen, ist das etwa für eine Sommerparty recht praktisch.

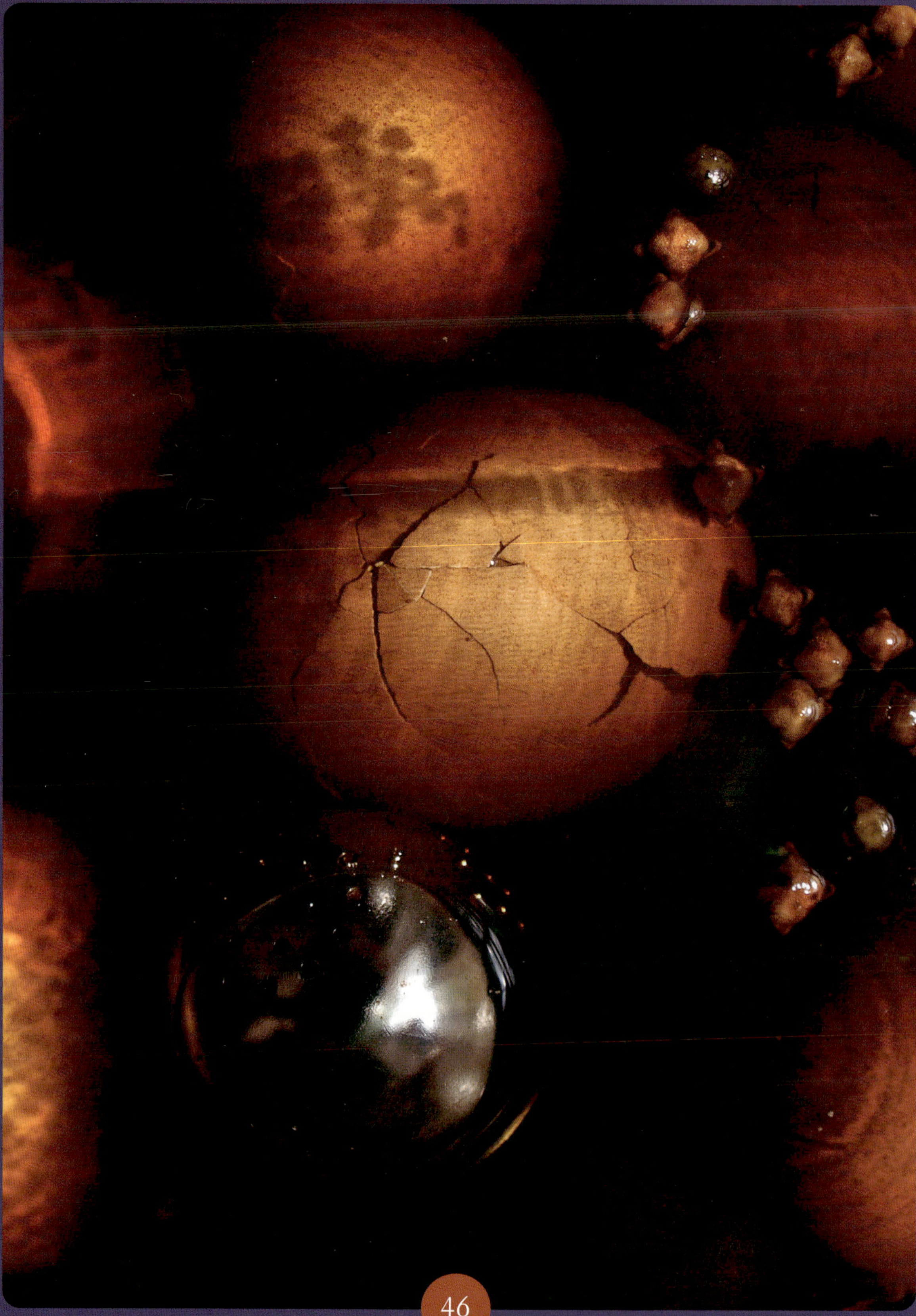

Eier in Tee-Essig

Zutaten

für 7 Gläser à 200 ml

- 28 Eier
- 100 g frischer Ingwer
- 500 ml Schwarztee
- 30 Pfefferkörner
- 30 Gewürznelken
- 250 ml helle Sojasoße
- 500 ml Apfelessig

Zubereitung

Eier 7 Minuten kochen, herausnehmen, in ein Küchentuch wickeln und vorsichtig sanft anschlagen. Ingwer schälen und in dünne Scheiben schneiden.

Die Eier in die Gläser geben, Pfefferkörner, Ingwer und Nelken zufügen. Mit Sojasoße sowie Tee und Essig aufgießen und gut verschließen.

Rezepttipp: Wer will, kann die Eier schälen und auf ein Bett aus kurz gekochten Algen sowie Seetang setzen. Mit Sojasoße und Sesamöl marinieren.

Sie können aber die Eier auch schälen, halbieren und die Eigelbe vorsichtig herauslösen. Die Eierhälften mit Worcestersoße und Erdnussöl beträufeln, Eigelbe wieder hineinsetzen und auf ein Rucolabett setzen, das klassisch mariniert wird.

Apropos

Die Eier brauchen 3 Tage, um den typischen Geschmack aller genannten Zutaten anzunehmen. Dann kann man sie aus der Essig-Tee-Lake nehmen, schälen und nach Bedarf verwenden.

Apropos

Die Erntezeit der Bärlauchknospen ist relativ kurz. Es sind nur wenige Tage, bevor die Knospen aufgehen und zu Blüten werden. Das ist von Region zu Region unterschiedlich, generell zwischen Mitte bis Ende April.

Süßsaurer Kürbis

Zutaten

für 7 Gläser à 200 ml

- 700 g Hokkaidokürbis
- 150 g Jungzwiebeln
- 2 gelbe Paprika
- 10–15 Knoblauchzehen
- 100 g frischer Ingwer
- 5 Limetten
- 30 Pfefferkörner
- 200 g brauner Zucker oder Honig
- 15 Lorbeerblätter
- 500 ml Apfel-Honig-Essig

Apropos

Sie können den Kürbis auch mit einem kleinen Kugelausstecher „ernten", das ergibt eine schönere Form und schaut im Glas toll aus.

Zubereitung

Kürbis schälen und in kleine Würfel, Jungzwiebeln in ½ cm dünne Ringe schneiden. Grün und Kerne der Paprika entfernen und in kleine Vierecke schneiden. Ingwer und Knoblauch schälen und fein reiben. Limettenschalen mit einem Zestenreißer reiben.

Alle Zutaten außer Jungzwiebeln, Zucker oder Honig und Essig in Wasser 15 Minuten leicht köcheln lassen, dann in die Gläser verteilen. Mit Zucker oder Honig abschmecken, Jungzwiebeln dazugeben, mit Essig aufgießen und gut verschließen.

Rezepttipp: Eignet sich als Topping zu einem Schaffrischkäse oder gewärmt als Beilage zu einem Braten.

Bärlauchkapern

Zutaten

für 7 Gläser à 200 ml

- 800 g geschlossene Bärlauchknospen
- 2 EL Kräutersalz
- 600 ml Rosenessig

Zubereitung

Die Knospen in heißem Wasser 3 Minuten blanchieren und in die Gläser verteilen. Mit Salz würzen, mit dem Essig übergießen und gut verschließen.

Rezepttipp: Die Kapern passen sehr gut als Würze in einen Salat oder zu einem Käse.

In Alkohol

Karamellisierte Cocktailtomaten

Zutaten

für 7 Gläser à 200 ml

- 1 kg Cocktailtomaten oder kleine Eiertomaten
- 100 g Butter
- etwas Olivenöl
- 100 g brauner Zucker oder Honig
- 300 ml Portwein (14 %)
- 1 Vanilleschote
- Saft und Schale von 2 Biozitronen
- 2 EL Lavendelsalz (Rezept s. S. 72)
- Pfeffer aus der Mühle

Zubereitung

In einer Pfanne Butter, Olivenöl und Zucker oder Honig leicht karamellisieren, die Tomaten dazugeben und bei mittlerer Hitze langsam braten. Die Haut soll weich werden, sodass die Früchte aufplatzen, aber „in Form" bleiben.

Nach und nach mit Portwein aufgießen. Die Vanilleschote aufschneiden, mit einem Messer das Mark herauskratzen und zu den Tomaten geben, salzen und pfeffern.

Das dauert ungefähr 15 Minuten, dabei öfter vorsichtig umrühren. Am Schluss Zitronensaft und -schalen beifügen. Auskühlen lassen und in Gläser abfüllen. Jeweils noch einen kräftigen Schluck Portwein daraufgießen und gut verschließen.

Rezepttipp: Auf einem Carpaccio mit Rucola schmecken diese Cocktailtomaten herrlich, zu einem Schaffrischkäse sind sie die Krönung; auch zu Braten oder einer gebratenen Hühnerleber munden sie ganz vorzüglich.

Apropos

Die Cocktailtomaten sollten von der Sonne gereift sein. Der köstliche, volle und süßliche Geschmack hängt sehr von der Qualität der Früchte ab. Mit mehr Zucker erreicht man niemals die echte Süße einer Paradiesfrucht!

Kumquats und Sternfrucht in Marillenbrand

Zutaten

für 7 Gläser à 200 ml

- 400 g Kumquats
- 4 Sternfrüchte
- 500 ml Weißwein
- 15 Gewürznelken
- 150 g brauner Zucker
- 2 Zimtstangen
- 2 Vanilleschoten
- 250 ml Marillenbrand (54 %)

Zubereitung

Die Kumquats mit einer Gabel mehrmals anstechen. Die Sternfrüchte in ½ cm starke Scheiben schneiden und beides in die Gläser füllen.

Den Wein mit den Gewürznelken, dem Zucker, den Zimtstangen sowie den aufgeschlitzten Vanilleschoten 15 Minuten kochen lassen.

Den Brand einrühren, noch heiß über die Früchte gießen und die Gläser sofort gut verschließen. Eventuell auf ein feuchtes Tuch stellen, damit sie nicht zerspringen.

Rezepttipp: Diese beschwipsten Früchtchen schmecken gut zu Desserts, zu einem (selbst gemachten) Eis oder mit Biskotten zum Five O'Clock Tea.

Apropos

Falls Sie keine Kumquats bekommen, können Sie auch Mandarinenspalten oder kleine Miniäpfel (gibt es in Dosen) verarbeiten.

Grüne Schnapsnuss

Zutaten

für 7 Gläser à 200 ml

- 55 grüne Nüsse
- 2 Vanilleschoten
- 50 Gewürznelken
- 200 g Waldhonig
- 100 g Kalmuswurzel
- 800 ml Zwetschgenbrand (40 %)

Zubereitung

Grüne Nüsse gut waschen und am besten über Nacht in Wasser einlegen. Dann halbieren und in die Gläser schichten. Vanilleschoten der Länge nach aufschneiden und das Mark mit einem Messer herauskratzen. In jedes Glas Nelken, Honig, Kalmuswurzel und Vanillemark geben, mit Schnaps aufgießen und verschließen.

Drei Monate an einem sonnigen Platz reifen lassen. Ab und zu die Gläser drehen – je mehr Sonnenkraft die Nüsse abbekommen, desto feiner der Geschmack.

Rezepttipp: Zu reifem, kräftigem Käse ist die Schnapsnuss ein echtes Gedicht. Klein gehackte Schnapsnüsse schmecken in einem Kuchen ganz vorzüglich und sind generell in der Nachspeisenküche sehr beliebt. Der aus dem Einlegen entstandene „Nusserne" ist eine rettende Medizin, die nach zu langen Tafelrunden kleine Wunder wirkt. Ähnlich wie die spanische Birne in Rotwein nach einem Gelage kann der Nussschnaps zu einem Neustart für kulinarische Reisen dienen.

Apropos

Grüne Nüsse gibt es im Juni, spätestens bis etwa zum Johannitag (24. Juni). Ein lieber Freund – Koch, Dichter und Genießer – hat auf diesen „berühmten" Nussschnaps meiner Mutter Elisabeth Prommer vor lauter Begeisterung ein kleines Verschen verfasst: „Der Genuss einer Nuss ist schon deshalb ein Muss/sie vertreibt den Verdruss wie ein sinnlicher Kuss."
(© Stefan Tardy)

Herrenrumtopf

Zutaten

für einen Steinguttopf mit Deckel (5 l)

- 250 g Erdbeeren
- 250 g Himbeeren
- 250 g Kirschen
- 250 g Marillen
- 250 g Brombeeren
- 250 g Pfirsiche
- 250 g Zwetschgen
- 1 ½ kg Feinkristallzucker
- ca. 2 ½–3 l Rum (54 %)
- Vanilleschoten
- Zimtrinde

Apropos

Der Schichtplan: ab Juni Erdbeeren, ab Juli Kirschen, Marillen, Himbeeren, ab August Brombeeren, Zwetschgen und Pfirsiche.

Zubereitung

Start ist mit Beginn der Erdbeerzeit im Juni. Früchte gut waschen, vierteln, mit 250 g Kristallzucker vermischen und einige Stunden, am besten über Nacht, stehen lassen. Früchte in den Steinguttopf einlegen und mit so viel Rum aufgießen, dass die Flüssigkeit etwa 3–4 cm über den Früchten steht (eventuell mit einem Teller beschweren). Den Topf verschließen.

Für jede weitere Sorte 250 g Früchte mit 170 g Zucker vermischen und ebenso verfahren. Alle Früchte sollen gut gereift und aromatisch sein. Die Kirschen behalten wegen der Form die Steine, Marillen und Pfirsiche werden blanchiert, enthäutet, entsteint und geviertelt, Zwetschgen entsteint und geviertelt. Etwa alle 10 Tage gut umrühren.

Nach der letzten Fruchtzugabe Vanilleschoten und Zimtrinde zur Geschmacksabrundung zufügen und noch 4 Wochen ruhen lassen (umrühren nicht vergessen). Zum Schluss nochmals mit 250 ml Rum aufgießen und mit Beginn der Adventszeit genießen.

Rezepttipp: Diese lang ersehnte Ernte nach dem sehnsüchtigen Warten ist vielseitig anwendbar. Der Rumtopf kann pur oder mit Sekt aufgegossen, als „Verdauungsschnäpschen“ oder Aperitif getrunken werden und Fruchtsalate erhalten dadurch einen spannenden Effekt.

Pilze in Cognac

Zutaten

für 7 Gläser à 200 ml

- 1 kg frische oder tiefgekühlte Steinpilze
- 200 ml Weißwein
- 400 ml guter Cognac
- 20 Pfefferkörner
- 2 EL Lavendelsalz (Rezept s. S. 72)
- 2 EL Olivenöl

Zubereitung

Die Pilze in daumennagelgroße Stücke schneiden. Aus Wein, Cognac, Pfefferkörnern, Lavendelsalz und Olivenöl einen Sud aufkochen und die Pilze ungefähr 4 Minuten darin mitsieden lassen.

Dann in die Gläser abfüllen und sofort gut verschließen. Eventuell auf ein feuchtes Tuch stellen, damit sie nicht zerspringen.

Rezepttipp: Dieser „Traum des Waldes“ krönt jedes Nudelgericht, passt erwärmt zu gebratenen Lammkoteletts, zu Ricotta mit Kräutern und schmeckt auch als Pilzpolenta köstlich.

Apropos

Pilze mit einer Bürste und einem kleinen Messer bitte immer nur trocken putzen. Da diese „Waldfreunde“ zu 90 % aus Wasser bestehen, würden sie durch weitere Feuchtigkeit ihr feines Aroma verlieren.

Chartreuse Verte

Zutaten

für 7 Flaschen à 200 ml

- 500 ml Weingeist (40 %)
- 3 Kamillenblüten
- 3 Wacholderbeeren
- 1 Gewürznelke
- 3 Pfirsichblätter
- 4 Tannentriebe
- 6 Eibischblüten
- 2 linsengroße Stücke Muskatnuss
- 3–4 cm Zimtrinde
- 5 Fäden Safran
- 1 Pfefferkorn
- 1 kleines Stück Zitronenschale
- 230 g Feinkristallzucker

Zubereitung

Alle Zutaten (außer Zucker) in eine Flasche füllen, gut verschließen und die Mischung 14 Tage im Dunkeln stehen lassen.

500 ml Wasser mit dem Kristallzucker aufkochen, den Schaum abschöpfen und abkühlen lassen. Wenn der Sirup lippenwarm ist, den abgeseihten Alkohol dazugießen, in die vorbereiteten Flaschen abfüllen und sofort verschließen. Nach 6 Wochen kann die erste Kostprobe genommen werden.

Rezepttipp: 10 ml frisch gepresster Ingwersaft, 20 ml frisch gepresster Zitronensaft, 30 ml Zuckersirup, 100 ml Wasser in ein vorgewärmtes Glas füllen, einige Spritzer Chartreuse Verte zufügen und alles auf 60–65 °C erhitzen – ein gutes Hausmittel gegen Erkältung.

Apropos

Es gibt verschiedene Rezepte für dieses mehr als 400 Jahre alte heilende Getränk der Mönche. Sie werden wie ein Geheimnis gehütet und nur ungern und oft unvollständig weitergegeben. Dieses hier ist vielleicht auch nicht ganz vollständig, schmeckt aber ganz hervorragend.

Kräutersherry

Zutaten

für 7 Gläser à 200 ml

- je 2–3 Zweige Rosmarin, Thymian, Lavendel, Kerbel und Salbei
- 1 l guter Sherry

Zubereitung

Die Kräuter verlesen, von trockenen Stücken befreien und zu gleichen Teilen in die Gläser oder Flaschen verteilen. Mit Sherry aufgießen und für mindestens 3 Wochen ziehen lassen.

Rezepttipp: Dieser Sherry eignet sich als Würze für einen Wildsalat, als Aperitif, zum Verfeinern von Suppen (z. B. einer Zwiebelweincremesuppe) und Soßen, zum Ablöschen für gebratene Gemüsespeisen oder für ein mediterranes Zitronenhuhn.

Kalmus-Weichseln

Zutaten

für 7 Gläser à 200 ml

- 750 g Weichseln
- 300 g Puderzucker
- 5–7 cm Zimtrinde
- 7 Lavendelzweige
- 30 Gewürznelken
- 1 l Kalmusschnaps

Apropos

Sie können auch Kirschen nehmen, allerdings wird das Ganze dann etwas lieblicher.

Zubereitung

Die Weichseln abwechselnd mit Puderzucker in die Gläser verteilen. Die Zimtrinde zerkleinern und mit den Lavendelzweigen und Nelken ebenfalls in die Gläser verteilen. Mit dem Schnaps aufgießen und Gläser gut verschließen.

Die Früchte müssen vollständig mit dem Schnaps bedeckt sein. Zwei Wochen in die Sonne stellen und dann vor dem Genuss noch 2 Monate reifen lassen.

Rezepttipp: Kalmus-Weichseln machen sich gut zu einem Grießflammeri oder Käse und nur die Weichseln sorgen in einem Kuchen für eine geschmackliche Sensation.

In Salz

Scharfe Sardelle

Zutaten

für 7 Gläser à 200 ml

- 700 g Sardellen
- 1 Handvoll getrocknete Minzeblätter
- Schale von 7 Biozitronen
- 2 EL Chiliflocken
- 700 g grobes Orangensalz

Zubereitung

Die Sardellenfilets waschen, trocken tupfen und in jedes Glas eine Schicht Fisch hineingeben.

Dann Minze, ein wenig Zitronenschale sowie Chiliflocken zufügen und jeweils mit Orangensalz bedecken. Die letzte Schicht muss Salz sein. Gläser gut verschließen.

Rezepttipp: Zu einer klassischen Bandnudelpasta Sardellen in Olivenöl mit Kapern und klein geschnittenen Zwiebeln andünsten – herrlich!

Um selbst gemachtes **Orangensalz** herzustellen, mit einem Zestenreißer Schalen von Bioorangen vorsichtig abziehen und trocknen. In einem Mixer oder Mörser zerkleinern, mit Meersalz in ein Glas geben und verschließen.

Apropos

Sie können auch Heringsfilets verwenden und in dünne Streifen schneiden.

Gurken und grüne Tomaten

Zutaten

für 7 Gläser à 200 ml

- 600 g geschälte grüne Tomaten
- 600 g Essiggurken
- 1 große Zwiebel
- 1 großer grüner Paprika
- 2 EL Salz
- 1 EL Picklesgewürz
- 1 TL Senfmehl
- 150 g brauner Zucker
- 400 ml Apfelweinessig

Zubereitung

Die Gemüse fein zerkleinern und in einen großen Topf schichtweise einlegen; jede Schicht mit Salz bestreuen. Über Nacht stehen lassen und am nächsten Tag die überschüssige Flüssigkeit abgießen.

Picklesgewürz, Senfmehl, Zucker und Essig beifügen und die Mischung unter Rühren ungefähr 30 Minuten aufkochen.

Die noch heiße Mischung in Gläser abfüllen und verschließen. Eventuell auf ein feuchtes Tuch stellen, damit sie nicht zerspringen.

Rezepttipp: Eine ideale Beilage zu gegrilltem Fleisch und Fisch.

Apropos

Sie können auch reife Tomaten nehmen, allerdings bekommt die Mischung dann nicht ihren typischen Geschmack.

Rosmarinschnecken

Zutaten

für 7 Gläser à 200 ml

- 150 frische oder tiefgefrorene Schnecken
- 50 g frische Rosmarinnadeln
- 250 ml Olivenöl
- 250 ml Weinessig
- fein geriebene Schale von 3 Biozitronen
- 200 g grobes Meersalz

Zubereitung

Schnecken nochmals gut reinigen, mit dem Rosmarin in Olivenöl rundherum anbraten, mit den Weinessig ablöschen und gut 15 Minuten köcheln.

Dann in die Gläser schichten. Den Sud mit Zitronenschale sowie Meersalz würzen und die Schnecken damit begießen. Gläser gut verschließen und eventuell auf ein feuchtes Tuch stellen, damit sie nicht zerspringen.

Rezepttipp: In einer Pfanne Butter aufschäumen, die abgegossenen Schnecken dazugeben und mit verquirlten Eiern 5 Minuten braten. Mit einem warmen Baguette und Kräuterbutter servieren.

Apropos

Schnecken bekommen Sie auch in Dosen im Supermarkt oder Sie sammeln selbst, salzen sie ein und befreien sie vom Darm.

Lavendelsalz

Zutaten

für 7 Gläser à 200 ml

- 500 g getrockneter Lavendel
- 50 g getrocknete Fenchelsamen
- 1 kg grobes Meersalz

Zubereitung

Alle Zutaten vermischen und in einer Küchenmaschine fein cuttern. Der Feinheitsgrad bleibt Ihnen überlassen.

Rezepttipp: Verfeinern Sie Mayonnaise mit diesem Lavendelsalz und genießen Sie dazu grünen gebratenen Spargel mit karamellisierten Cocktailtomaten (Rezept s. S. 54) und frisch geriebenem Parmesan. Oder jungen grünen Spargel kurz in Olivenöl rundherum anbraten, mit etwas Lavendelsalz und Pfeffer würzen und mit Beilagen – etwa im Ofen gebratene Babykartoffeln in der Schale – sowie mit frischem Rosmarin servieren.

Apropos

Mit diesem Salz können Sie alle Speisen würzen, die nach Kräutern verlangen. Es ist ein feiner Geschmack, der Speisen eine interessante Note verleiht. Wer mag, kann statt Lavendel auch getrocknete Rosenblüten verwenden.

Colettes Suppen- und Soßenbasis

Zutaten

für 7 Gläser à 200 ml

- 300 g Petersilienwurzeln
- 300 g Karotten
- 300 g Zwiebeln
- 300 g Knollensellerie
- 150 g Tomaten
- 250 g Bergkernsalz

Zubereitung

Gemüse putzen, schälen und klein schneiden. In einem Cutter, einer Küchenmaschine oder – wenn vorhanden – einem Fleischwolf mit entsprechendem Aufsatz alle Zutaten fein zerkleinern. Das erspart viel Arbeit und kann auch gleich in größeren Mengen hergestellt werden (Stichwort: ideales Mitbringsel). In Gläser abfüllen und gut verschließen.

Rezepttipp: Für ein schnelles Süppchen pro Person 1 EL der Gemüsepaste in 2 EL Olivenöl andünsten und mit 2 EL Mehl binden (dies kann man schon vorab in größeren Mengen herstellen und im Kühlschrank in Frischhaltefolie lagern). Mit 500 ml Wasser aufgießen und 5 Minuten bei kleiner Hitze köcheln lassen; mit einem Schneebesen umrühren, damit sich keine Klümpchen bilden. Eine köstliche und vitaminreiche Gemüsesuppe (fast) ohne Aufwand. Fein geschnittener Schnittlauch und Petersilie runden die Sache noch ab.

Diese Basis ist auch eine feine Würze für Speisen, die ein Gemüsebukett verlangen. Sie passt sehr gut zu Fisch, Fleisch, Huhn, Eintöpfen oder eben in Suppen, denen Sie einen entsprechenden Aha-Effekt verleihen möchten.

P. S.: Von erfindungsreichen Feinschmeckern wird die Basis auch gerne als Brotaufstrich genossen.

Scharfe Salzzitronen

Zutaten

für ein Glas à 1½ l

- 750 g Biozitronen
- 450 g grobes Meersalz
- 40 g Koriander
- 40 g Gewürznelken
- 20 g Fenchelsamen
- 150 g Chilifäden

Zubereitung

Die Zitronen der Länge nach in vier etwa gleich große Stücke teilen, sodass die Früchte aber am unteren Ende zusammenbleiben. Die Zitrusfrüchte, die sich jetzt wie eine Blüte öffnen lassen, mit jeweils 2 EL Salz befüllen und stehend mit den Gewürzen (außer Fenchelsamen und Chilifäden) in etwa 1½ l Wasser (Zitronen müssen bedeckt sein) 10 Minuten kochen.

Zitronen in das Glas schichten, jede Schicht mit Fenchelsamen und Chilifäden bedecken. Zum Schluss mit dem heißen Gewürzsud übergießen. Die Gläser gut verschließen und eventuell auf ein feuchtes Tuch stellen, damit sie nicht zerspringen.

Nach einer Woche können Sie die Früchte verwenden; es schadet aber nichts, wenn Sie die Salzzitronen einen Monat rasten lassen.

Rezepttipp: Um z. B. einem Brathuhn ein bisschen marokkanisches Flair zu verleihen, können Sie ganze oder halbierte Salzzitronen hinein- sowie Scheiben davon darumlegen (Vorsicht: Das Huhn nur mäßig salzen, da die Zitronen bereits salzig sind). Während des Bratens immer wieder (etwa mit Pernod) aufgießen und dann mit Kichererbsen und/oder Couscous servieren – ein herrliches Geschmackserlebnis.

Apropos

Auch nach dem Öffnen des Glases sind die Zitronen im Kühlschrank noch monatelang haltbar.

Okras in Salzlake

Zutaten

für 7 Gläser à 200 ml

- 700 g Okraschoten
- 5 Lorbeerblätter
- 50 g Pfefferkörner
- 7 Ovaltomaten
- 100 g Rosensalz (s. Apropos S. 72)

Zubereitung

Die Okras gut waschen, Stielansätze abschneiden und 10 Minuten mit Lorbeerblättern und Pfefferkörnern in Salzwasser blanchieren.

Abseihen, in die Gläser verteilen und jeweils eine Tomate dazu einlegen. Mit dem Sud begießen, zusätzlich überall etwas Rosensalz beifügen und gut verschließen.

Rezepttipp: Okras können Sie mit Schafkäse und frischem Basilikum servieren oder warm als ideale Beilage zu einer geschmorten Lammkeule mit Grilltomaten.

Apropos

Okras heißen auch Gumbos oder Ladyfingers und sind ein Malvengewächs, man erhält sie inzwischen auch bei uns häufig auf Märkten.

Tapenade

Zutaten

für 7 Gläser à 200 ml

- 1 kg entsteinte schwarze Oliven
- 1 Handvoll frische Thymianblätter
- 2 EL Chiliflocken
- 15 g fein geriebene Limettenschale (nach Bedarf auch mehr)
- 5–8 geriebene Knoblauchzehen
- 200 g Kapern
- 300 ml Olivenöl
- 100 g Fleur de Sel

Zubereitung

Die Oliven mit Thymianblättern, Chiliflocken, Limettenschale, Knoblauch und Kapern pürieren und das Olivenöl nach und nach einrühren, am Ende mit Salz sowie eventuell nochmals mit Limettenschale abschmecken und gut verschließen.

Rezepttipp: Tapenade ist ein Hit bei jeder Sommerparty und passt zu Fleisch oder auf Crostinis gestrichen: Ciabatta in 2 cm dicke Scheiben schneiden, im Ofen auf der mittleren Schiene bei 150 °C 5 Minuten heiß werden lassen, bis die Scheiben leicht bräunlich werden, dann mit Tapenade bestreichen. Ein sehr feines Amuse-Bouche zu einem Glas Wein.

Apropos

Es gibt auch die Variante mit Sardellenfilets, die vorher gut gewaschen werden; dann muss man aber die Salzmenge reduzieren.

In Zucker

Süße Blütenwiese

Zutaten

für 7 Gläser à 200 ml

- je 150 g kontrollierte unbehandelte Blätter oder ganze Blüten von Rose, Stiefmütterchen, Veilchen, Malve, Gänseblümchen; Hibiskus, Lavendel, Ringelblume, Löwenzahn, Kapuzinerkresse
- 200 g Eiweiß mit etwas Wasser verdünnt
- 300 g extra feiner Kristallzucker
- 200 g Vanillezucker

Zubereitung

Kristallzucker mit Wasser unter Rühren zu einem Sirup aufkochen und die Blätter oder Blüten im Ganzen einlegen.

Sobald der Zucker kristallisiert hat, die Blüten sowie Blätter herausnehmen und auf einem Gitter abtropfen lassen. Dann mit Vanillezucker (Rezept s. S. 64) in die Gläser einlegen und gut verschließen.

Variante: Einzelne Blüten oder Blumenblätter auf allen Seiten mit dem ein wenig mit Wasser verdünnten Eiweiß bestreichen. Sofort rundherum mit Zucker bestreuen und trocknen lassen.

Rezepttipp: Eine wunderbare Dekoration für Torten und Kuchen und exquisite Garnierung z. B. für ein Rosenblütensorbet oder zum Aromatisieren von Süßspeisen.

Apropos

Sie können den Zuckersirup mit verschiedenen Lebensmittelfarben verschönern und ebenso Minze- und Melissenblätter überzuckern, das macht die süße Wiese noch bunter. Die kandierten Blüten und Blätter sind bis zu 6 Monaten haltbar.

Prinzessinnen-Ananas

Zutaten

für 7 Gläser à 200 ml

- 900 g frische Ananaswürfel
- 200 ml Maraschino
- 300 g Puderzucker
- 100 g frisch geriebener Ingwer
- 100 g Kokosflocken

Zubereitung

Ananaswürfel in ein Glas füllen und die anderen Zutaten nach und nach dazugeben. Auf Gläser verteilen und gut verschließen.

Rezepttipp: Einen fertigen Biskuitboden kreisförmig ausstechen und die Ananasmischung daraufsetzen. Mit einer Kugel Eis oder nur mit geschlagenem Obers verzieren.

Apropos

Sie können dieses Rezept etwa auch mit Lavendel- oder Zitronenzucker (Rezept s. S. 64) zubereiten.

Blütenzucker

Zutaten

für 7 Gläser à 200 ml

- 800 g Puderzucker
- 400 g Vanillezucker (Rezept s. S. 64)
- 300 g getrocknete unbehandelte Rosen-, Lavendel-, Pfefferminz- oder Veilchenblätter

Zubereitung

Die beiden Zuckersorten mit den Blättern vermischen und in einer Küchenmaschine gründlich zerkleinern. Dann zunächst alles in ein ausreichend großes Glas mit Schraubdeckel füllen, 1 Woche stehen lassen. Den Zucker sieben, mit einem Trichter in die kleineren Gläser umfüllen und gut verschließen.

Rezepttipp: Eignet sich ideal für Buttercremefüllungen, zum Aromatisieren von Baisers und Sorbets oder zum Bestreuen von Kuchen und Strudeln.

Maiwipfelsirup

Zutaten

für ein Glas à 3 l

- 1 ½ kg junge Fichten- oder Tannenwipfel
- 1 ½ kg brauner Kandis- oder Vollzucker

Zubereitung

Die Wipfel sammelt man während des Wonnemonats Mai („Maiwipfel"). Immer eine Schicht junge helle Austriebspitzen (maximale Größe ca. 3 cm) in das Glas und darüber eine dicke Zuckerschicht legen. Den Abschluss bildet Zucker.

Auch hierfür ist ein Platz an der Sonne notwendig. Das Glas vor dem Verzehr 4–5 Monate dort stehen lassen. Dann den entstandenen Saft abseihen, in portionsgefällige kleinere Flaschen abfüllen und gut verschließen.

Rezepttipp: Bei Hustenreiz genügt ein großer Esslöffel Maiwipfelsirup pur oder in einem Glas Tee. Sie können aus dem Sirup auch eine Maiwipfel-Sabayon herstellen: 3 Eigelb, 100 ml Milch und 50 ml Sirup über Wasserdampf zu cremiger Konsistenz aufschlagen. Mit in Zitronenschale, Puderzucker und mit Grand Marnier marinierten Fruchtstücken (etwa Erdbeeren, Pfirsiche oder Marillen) und Vanilleeis ein echter Dessert-Höhepunkt.

Apropos

Sie können die gleiche Prozedur auch mit Wurzeln von Spitzwegerich durchführen. Wer mag, kann nach dem schichtweisen Einfüllen von Wipfeln und Zucker entweder mit Korn oder weißem Rum aufgießen und erhält so nach 4–5 Monaten einen köstlichen Likör.

Sonnenobst

Zutaten

für 7 Gläser à 200 ml

- 800 g verschiedene Beere früchte (Walderdbeeren, Himbeeren, Johannisbeeren, Brombeeren)
- 200 ml Weingeist (80 %)
- 700 g Puderzucker

Zubereitung

Zunächst die Früchte und den Weingeist in einem großen Gefäß eine Woche ansetzen. Dann abwechselnd Zucker und Sonnenfrüchte in ein ausreichend großes (Schraub-)Glas schichten. Die unterste und oberste Schicht sollte Zucker sein.

Das luftdicht verschlossene Glas 10 Tage an die Sonne stellen, z. B. an ein sonniges Fenster. Während dieser Zeit sollte es öfter gedreht werden.

Nachdem sich ein klarer Saft gebildet hat, das Glas öffnen, in die kleinen Gläser verteilen, jeweils mit 1 EL 80 %-igem Weingeist begießen und gut verschließen.

Rezepttipp: Den Saft der jeweiligen Frucht mit Soda-, Mineralwasser oder Sekt aufgießen; die eingelegten Früchte schmecken zu einem Pudding ausgezeichnet.

Apropos

Sie können auch nur eine Sorte Sonnenobst einlegen, das bleibt wie die Wahl Ihrer Lieblingsfrüchte ganz Ihnen überlassen.

Nüsse in Agavensirup

Zutaten

für 7 Gläser à 200 ml

- 300 g ganze Macadamianüsse
- 300 g halbierte Walnüsse
- 2 Vanilleschoten
- 2 Handvoll frische Minzeblätter
- 600 ml Agavensirup
- 4 EL Chiliflocken
- 300 g Pinienkerne

Zubereitung

Die Nüsse ohne Fett in einer Pfanne anrösten; nicht zu dunkel werden lassen. Vanilleschoten der Länge nach aufschneiden und das Mark herauskratzen. Minzeblätter fein hacken.

Agavensirup, Nüsse, Chiliflocken, Pinienkerne, Minzeblätter und Vanillemark miteinander verrühren, in die Gläser abfüllen und gut verschließen.

Rezepttipp: Damit können Sie z. B. Ricotta mit mariniertem Salatbukett oder (griechischen) Joghurt verfeinern.

Apropos

Agavensirup oder -dicksaft ist ein Süßungsmittel aus dem Saft der Agave (gehört zur Familie der Spargelgewächse), wird in Mexiko produziert und häufig als Ersatz für Zucker und Honig in der Dessertküche eingesetzt.

Knoblauch in Ahornsirup

Zutaten

für 7 Gläser à 200 ml

- 800 g geschälte, ganze Knoblauchzehen
- 400 ml Ahornsirup
- 4 EL fein geschnittene Minzeblätter
- frische Chilischoten nach Geschmack
- einige Thymian- und Rosmarinzweige

Zubereitung

Knoblauchzehen jeweils bis drei Viertel unterhalb des Glasrands einfüllen, mit Ahornsirup aufgießen und Minzeblätter, ganze Chilischoten sowie je einige kleine Thymian- und Rosmarinzweige dazugeben.

Gläser gut verschließen und vor dem Verzehr mindestens eine Woche stehen lassen.

Rezepttipp: Passt herrlich zu Käse, zu gebratenem Fleisch, zu Reis oder Nudeln.

Apropos

Sie können auch andere Kräuter Ihrer Wahl dazugeben, ganz nach Belieben und persönlichem Geschmack.

Glossar & Register

Kleiner Küchendolmetscher

Kren – Meerrettich
Marille – Aprikose
Rote Rübe – Rote Bete
(Schlag-)Obers – süße Sahne, Süßrahm
Topfen – Quark
Weichsel – Sauerkirsche

Rezepte von A bis Z